Ilona Priebe

Friedhof Melaten

VOM LEPROSENHAUS ZUR MILLIONENALLEE

Bildnachweis:
Alle Fotos von Ilona Priebe, außer
S. 18: Boris Loehrer.

Umschlagabbildung:
Der „Sensenmann" am Grab von
Johann Müllemeister (s. Tour 1).

Bibliografische Information Der Deutschen Bibliothek
Die Deutsche Bibliothek verzeichnet diese Publikation in der
Deutschen Nationalbibliografie; detaillierte bibliografische
Daten sind im Internet über http://dnb.ddb.de abrufbar.

Bild rechts:
Das Grabmal für den General
George Wynne, der 1890 in Köln
starb, findet sich am westlichen
Hauptweg (Flur 47). Es wurde
wahrscheinlich nach keltischen
Vorbildern gearbeitet. Die
Inschrift lautet: „In the Love of
God Looking for the Mercy of our
Lord Jesus Christ Unto eternal
Life General George Wynne
Cornel Commandant Royal
Engineers Died at Cologne June
27. 1890 Aged 85."

3., überarb. Auflage 2009
© J. P. Bachem Verlag, Köln 2009
Redaktion und Lektorat: Martina Dammrat, Köln
Einbandgestaltung und Layout: Heike Unger, Berlin
Reproduktionen: Reprowerkstatt Wargalla GmbH, Köln
Druck: Grafisches Centrum Cuno Calbe
Printed in Germany
ISBN 978-3-7616-2326-8

Mit unserem **Newsletter**
informieren wir Sie gerne
über unser Buchprogramm.
Bestellen Sie in kostenfrei unter
➤ **www.bachem.de/verlag**

Inhalt

Vom Leprosenhaus zur
Millionenallee   5

1 Das Kölner „Who is who"   8
Prominente auf Melaten

2 Musiker, Maler und Mäzene   24
Kunst und Karneval auf Melaten

3 Nicht nur als Akte und
Trauernde   36
Frauen auf Melaten

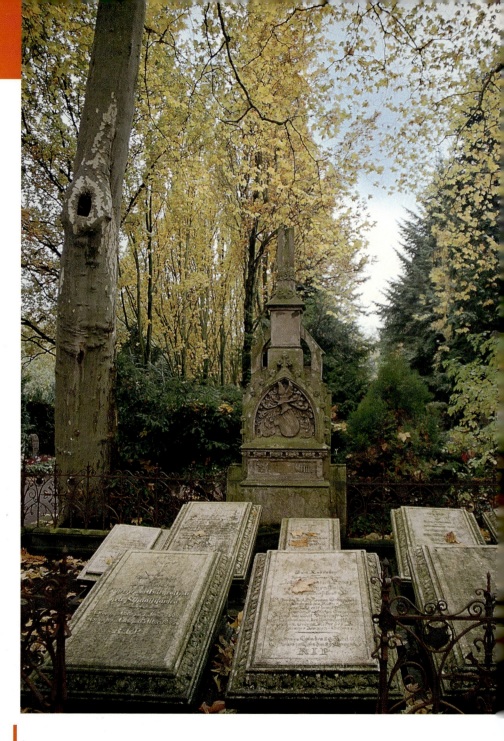

Vom Leprosenhaus zur Millionenallee

Hätte man einem Kölner noch vor 250 Jahren gesagt, dass wenige Jahrzehnte später die Menschen viel Geld bezahlen würden, um auf Melaten begraben zu werden, so hätte er sicherlich ungläubig den Kopf geschüttelt. Bis zum Ende des 18. Jahrhunderts war diese Stätte – weit außerhalb der damaligen Stadtgrenze gelegen – ein Schandfleck: Hier hauchten zum Tode Verurteilte ihr Leben aus und, wenn die Raben nicht irgendwann ihren Leichnam aufgefressen hatten, wurden die sterblichen Überreste in der Erde verscharrt. Die letzte Hinrichtung auf dem „Rabenstein", wie Melaten auch genannt wurde, war 1797: Der Kirchenräuber Peter Eick wurde gehängt. Da Hinrichtungen für einige Menschen eine willkommene Abwechslung im eintönigen Alltagsleben boten, sorgte ein Gasthaus, das sich unweit des Rabensteins auf dem Gelände des Leprosenhauses befand, für das leibliche Wohl. Den Durst löschten die Ausflügler gerne mit „Dollbier", das besonders stark war und in der Stadt nicht ausgeschenkt werden durfte.

Das Leprosenheim wurde erstmals Ende des 12. Jahrhunderts erwähnt. Wohl schon länger fanden Menschen Aufnahme, die wegen ihrer Lepraerkrankung aus Angst vor der Ansteckung anderer weit außerhalb der Stadt untergebracht wurden. In Köln bürgerte sich langsam die Bezeichnung Melaten – von französisch *malade* für krank – für diesen Ort ein. Da die Leprakrankheit, wie die Pest oder andere Seu-

Bild links: Grabstätte der Familie Wittgenstein. Der Jurist Johann Heinrich Franz Anton von Wittgenstein (1797-1869) hatte viele städtische Ämter inne. Sein liebstes aber war vielleicht das des „Ersten Sprechers des Festordnenden Comités", das er 1823 mit 26 Jahren wahrnahm.

Die parkähnliche Gestaltung von Melaten übt ihren eigenen Zauber aus. Wallraf, der die Planung übernommen hatte, hatte von Anfang an Melaten auch als grüne Oase gedacht, ein angemessener Ort für Andacht, Meditation und Trauer.

chen, als Strafe Gottes angesehen wurde, versuchten sich betuchte Bürger durch reiche Stiftungen freizukaufen. So entstand hier eine stattliche Hofanlage mit Kapelle und Friedhof für die Verstorbenen. Das Leprosenhaus wurde erst 1767 geschlossen, obwohl die Leprakrankheit längst bekämpft war.

Als die französischen Revolutionstruppen Köln 1794 besetzten und die linksrheinischen Gebiete 1801 annektiert wurden, hielt überall mit dem *Code civil* die französische Gesetzgebung Einzug. Die neue Begräbnisordnung von 1804 verbot – aus hygienischen Gründen – Bestattungen innerhalb der Stadtmauern. Das Beerdigungswesen wurde „säkularisiert", der Kirche entzogen und der bürgerlichen Gemeinschaft übertragen. Die Katholiken sollten nun ihre letzte Ruhestätte nicht mehr in ihrer Pfarrkirche oder auf ihrem Pfarrfriedhof finden. Das war schwer vermittelbar, die Umsetzung dauerte entsprechend einige Jahre. Protestanten und Juden hatten ihre Toten bereits seit langer Zeit außerhalb der mittelalterlichen Stadtmauer beigesetzt.

Als neuer Bestattungsort für die Katholiken wurde Melaten gewählt, denn die Bodenverhältnisse eigneten sich für Beerdigungen und der neue Friedhof ließ sich bei Bedarf mühelos erweitern. Um den Kölnern den Friedhof „schmackhaft" zu machen, wollten die Franzosen einen ansprechenden Ort schaffen und beauftragten damit den Gelehrten und Theologen Ferdinand Franz Wallraf. Dieser nahm den Pariser Friedhof Père Lachaise zum Vorbild. Außerdem wurde die ehemalige Kapelle des Leprosenhauses in den Friedhof integriert sowie ein Hochkreuz vom Kirchhof der Pfarrkirche St. Brigiden nach Melaten gebracht.

Der Grabstein für den Anatomie-Professor Paul Brach (1740-1815) ist einer der ältesten auf Melaten, denn er stammt vom Kirchhof der Mauritiuskirche. Auf seiner Rückseite sind noch die ursprünglichen Inschriften für Adolph Bungartz, der 1767 im Alter von 84 Jahren starb, und für Maria Bachem, die 1769 im Alter von 69 Jahren verstarb, zu lesen.

Wallraf unterteilte den Friedhof durch Haupt- und Nebenwege in kleinere, übersichtliche rechtwinkelige Felder. Die teuersten Bestattungsstätten, Eigen- oder Privatgräber, lagen an den beiden Hauptwegen, die von der Aachener Straße aus schnurgerade von Süden nach Norden führten. Die preislich etwas günstigeren Bestattungsplätze lagen an den Querwegen, die mit Buchstaben versehen wurden. Dahinter lagen die Reihengräber, Gräber 3. Klasse für die weniger Betuchten. Die Armenbestattungen erfolgten hingegen zunächst an der nördlichen Begrenzung des Friedhofs, dort, wo sich heute die sogenannte Millionenallee erstreckt. Diese Mittelachse entstand, als der Friedhof in den folgenden Jahrzehnten viermal erweitert wurde (1830-33, 1849-50, 1868, 1875). 1884 kam der ursprünglich durch die Mechternstraße vom alten Friedhof getrennte „neue Friedhof" hinzu. Ab 1829 durften auch Protestanten auf Melaten bestattet werden, Juden erst ab 1892.

Der Friedhof Melaten hat zu allen Jahreszeiten seine Reize, aber besondere Schönheit entfaltet er im Herbst.

Am 29. Juni 1810 weihte Dompfarrer Michael Joseph Dumont den Friedhof ein. Von der ersten Beisetzung am 10. Juli 1810 nahm die Bevölkerung wenig Notiz. Dieser neue „Gottesacker der Stadt Köln" – wie Melaten auch offiziell bezeichnet wurde – war den meisten Kölnern nicht geheuer.
1826 legte der renommierte Düsseldorfer Gartenarchitekt Maximilian F. von Weyhe einen Bebauungsplan für Melaten vor, der aber nur teilweise realisiert wurde. Auf diesen Plan geht aber noch die Bepflanzung durch den antiken Trauerbaum, die Platane, am Hauptweg zurück. Die Seitenwege wurden zunächst größtenteils mit Linden begrünt. Später kamen exotischere Bäume wie Catalpen oder die Thujaallee in Lit. V hinzu.

1 Das Kölner „Who is who"

1

Prominente auf Melaten

Vorherige Doppelseite: Als es in der zweite Hälfte des 19. Jahrhunderts notwendig wurde, den Friedhof Melaten zu erweitern, wurde die ursprünglich nördliche Friedhofsbegrenzung die neue Mittelachse, abgekürzt MA. Da es mittlerweile möglich war, ein „ewiges Ruherecht" zu erwirken, gaben betuchte Bürger sehr viel Geld für die letzte Ruhestätte aus und beauftragten Künstler, Bildhauer und Architekten mit der Gestaltung. Bald hatte die Mittelachse einen neuen Namen: Millionenallee, was sich ebenfalls aus dem Kürzel MA lesen lässt.

Direkt am alten Haupteingang des Friedhofs liegt die Grabstätte für **Ferdinand Franz Wallraf**. Als er 1824 starb, vermachte er der Stadt Köln seine umfangreiche Kunstsammlung, die Grundstock für das Wallrafianum wurde, dem ersten kommunalen Museumsbau in Deutschland. Dieser Bau wurde durch eine Stiftung des Kaufmanns **Johann Heinrich Richartz** ermöglicht. Die beiden Museumsmäzene erhielten erst 1867 – Richartz starb 1861 – ein Doppelgrab. Für diese gemeinsame Grabstätte schuf der Bildhauer Anton Werres ein Denkmal. Es zeigte den Sammler und den Stifter im Gespräch vertieft. Motivisch ähnelte es dem Denkmal für Goethe und Schiller in Weimar. Im Zweiten Weltkrieg wurde es zerstört. Heute erinnert ein unscheinbarer Grabstein, den der Künstler Heribert Calleen schuf, an die beiden Mäzene.

Da der Hauptweg die ursprünglich renommierteste „Adresse" auf Melaten war, finden sich hier besonders viele Grabstätten führender Kölner Familien aus dem 19. Jahrhundert. Neben dem Grab für Wallraf und Richartz ist in der Familiengrabstätte der DuMonts der Gründer der Kölnischen Zeitung, **Marcus Theodor DuMont** (1784-1831) bestattet. Nebenan ruht die Familie **Boiserée**. Die Brüder Melchior und Sulpiz, die die Pläne der Westfassade des Kölner Domes fanden, sind allerdings auf dem Alten Friedhof in Bonn beigesetzt. Gegenüber hat

die Familie **Farina** zwei Familiengrabstätten, wo sie auch an den Erfinder des Eau de Cologne, Johann Maria Farina, erinnert, der bereits 1766 verstarb.
Folgen wir dem Weg A an der Friedhofsmauer zur Aachener Straße bis kurz vor der Friedhofskapelle, entdecken wir an der Mauer ein eigenartiges Grab, dessen Sockel von einem Teilstück eines gusseisernen Säulenofens geziert wird. Vor dem Krieg war der Aufbau wesentlich höher. Um dieses Grab des **August Broichschütz** (1822-1874) ranken sich unterschiedliche Geschichten. Zum einen wird erzählt, Broichschütz habe gerne in einer Wirtschaft an diesem Ofen gesessen und seine Freunde gebeten, ihm zum Gedenken den Ofen auf das Grab zu stellen, damit er keine kalten Füße bekäme. Andere meinen, Broichschütz habe seine Habe in der Wirtschaft verzecht, so dass es nur noch für dieses gusseiserne „Gefährt" als Denkmal gereicht hätte.

Vor dem Chor der Friedhofskapelle entdecken wir eine gusseiserne Platte. Die Inschrift berichtet über ein höchst tragisches Unglück: „Zur Erinnerung an die mehr als 100 Teilnehmer einer Hochzeitsgesellschaft, die hier im Bunker am 31.10.1944 Opfer der Bomben wurden."

Gehen wir an der Kapelle den Weg J hinauf und biegen in den Weg C, sehen wir schon von weitem eine riesige Platane. Es ist wohl eine der ältesten ihrer Art auf Melaten. Sie hat die etwa drei Meter hohe Steinsäule neben ihr etwas gehoben. Auf einem mächtigen Steinzylinder liegt die Nachbildung eines

Grabstätte der Familie Farina. Johann Maria Farina kam aus Italien und gründete 1709 in Köln die erste Fabrik, die Eau de Cologne herstellte. Er hat „das Wässerchen" nach seiner Wahlheimatstadt benannt. Der neue Duft war an allen europäischen Adelshäusern begehrt und selbst Napoleon soll ein Fläschchen Eau de Cologne von ‚Farina Gegenüber' im Stiefel gehabt haben.

Wer sich die Gräber auf Melaten genau ansieht, wird so manche Kuriosität entdecken. Um das Grab von August Broichschütz (1822-1874) beispielsweise, auf dem ein Teil eines Kanonenofens steht, ranken sich einige Anekdoten. Mittlerweile ist das Grab in Patenschaft übernommen und wird gepflegt.

antiken Helms, daneben ein gusseisernes Schwert. Die Attribute zierten im 19. Jahrhundert häufig die Grabstätten hoher Militärs. Hier ruht der Königliche Preußische General-Major und Kommandeur der 8. Infanterie-Brigade Friedrich **Anton Florian von Seydlitz** (1777-1832). Seine Offiziere setzten ihm das Denkmal.

An der Südseite des Rondells befindet sich das recht schlichte Grab von **Nikolaus August Otto** (1832-1891). Ursprünglich hatte der Erfinder des Viertaktmotors, den er mit Eugen Langen entwickelte, eine aufwendige Gruft auf Melaten, in der auch seine Frau Anna Gossi begraben war. 1864 gründete Otto mit Langen die erste Motorenfabrik der Welt, sieben Jahre später erfolgte die Gründung der Gasmotorenfabrik Deutz. 1876 wurde ihm das Patent auf seinen Viertaktmotor zuerkannt, allerdings zehn Jahre später durch das Reichsgericht Leipzig wieder aberkannt. Otto musste weitere Tiefschläge nach seiner bahnbrechenden Erfindung hinnehmen. Sein Nachbar Gottfried Daimler entwickelte später den Ottomotor für Automobile und erntete die Früchte der Erfindung. Otto musste den Tod dreier Kinder verkraften, die vielen Prozesse um sein Patent hatten ebenfalls an seiner Gesundheit gezehrt. Als 1935 das Nutzungsrecht für die Gruft ablief, wurden Anna und Nikolaus Otto in das heutige Ehrengrab umgebettet. Die Humboldt-Deutz Motoren KG Köln ließ den Grabstein errichten.

Für das Rondell entwarf der Bildhauer Vincenz Statz 1850 das Hochkreuz, das zu seiner Entstehungszeit heftig umstritten war. Geht man wenige Meter in den Hauptweg, sieht man die Grabstätte des Dompfarrers **Joseph Peter Dumont** (1746-1818), der 1810 den Melatenfriedhof einweihte. Seinen Grabstein konzipierte Ferdinand Franz Wallraf mit einer feinsinnigen Symbolik: Auf der klassizistischen Stele liegt ein aufgeschlagenes Buch, das als Lebensbuch, aber auch als Bibel gesehen werden kann. Die Schlange steht für die Versuchung, der Löwe für die Auferstehung, denn er bringt neue Kraft, sein Brüllen kündet neues Leben an. Der Kelch am Gesims weist auf den Priester hin, ebenso stehen Anker und Kreuz in einer christlichen Symbolik. Die immergrüne Bepflanzung durch Efeu versinnbildlicht Treue, die beiden Rosenstöcke stehen für die Liebe.

Biegt man an dem Rondell rechts in den Seitenweg C, so steht am Anfang des Querwegs ein mittlerweile recht verwitterter Sarkophag, dessen gusseiserner Maßwerkschmuck größtenteils verloren gegangen ist. **Christian Rodius** (1757-1829) ruht hier. Er war der erste Protestant, der auf Melaten begraben wurde. Der bis dahin genutzte Geusenfriedhof am Weyertal war geschlossen worden.

Kehrt man zurück zum Rondell und folgt weiter dem Hauptweg, so lesen sich die Inschriften der Grabstätten beiderseits des Wegs wie ein „Who is who" des 19. Jahrhunderts. Auf der westlichen Seite liegt die Grabstätte der Familie Merkens. Eine Büste des bedeutenden Industriellen **Peter Heinrich Merkens** (1778-1854) steht in einer Nische. Er war Mitinhaber der Firma Seydlitz & Merkens, die später zur Bank erweitert wurde. 1818 gründete er die Rheinschifffahrtsassekuranz-Gesellschaft, die 1845 die Agrippina-Versicherung wurde. Außerdem rief er die Kölnische Feuer-Versi-

Der Schokoladenfabrikant Hans Imhoff, Ehrenbürger der Stadt Köln, verstarb 2007 im Alter von 85 Jahren. Er besaß in Bulay an der Mosel eine kleine Schokoladenfabrik. 1972 übernahm er den maroden Kölner Konzern Stollwerck und führte ihn sehr bald wieder zum Erfolg. Mit der Übernahme der Traditionsmarken Sarotti und Sprengel gründete Imhoff einen europäischen Schokoladenkonzern. 1993 erfüllte sich Imhoff mit der Eröffnung des Schokoladenmuseums einen Lebenstraum.

1

Der Bildhauer Hermann Otto Pflaume, der seine Grabstätte auf der „Millionenallee" hat, entwarf das Grabmal für die Familien Mevissen und Stein. Ursprünglich zierte in einer Nische eine Porträtbüste des Gustav Mevissen (1815-1899) die Ädikulararchitektur, so wie man es am Grab Merkens sieht. Erhalten ist nun aber nur noch die Urne mit der Darstellung des Phönix aus der Asche.

cherungsgesellschaft sowie die Rheinische Dampfschifffahrtsgesellschaft ins Leben.

Das Genossenschaftsgrab der Kölner Jesuiten findet sich auf der gegenüberliegende Seite. Hier ruht der isländische Pater und Schriftsteller **Jón Sveinsson** (1857-1944). Er wurde durch seine Kinderbücher von „Nonni" bekannt, die in viele Sprachen der Welt übersetzt wurden. Der Schriftsteller lebte in Dänemark, Frankreich und Deutschland. Während eines Aufenthalts in Köln kam er bei einem Bombenangriff im Luftschutzkeller des Franziskus-Hospitals in Ehrenfeld ums Leben.

Fast am Ende des Hauptweges erstreckt sich auf der östlichen Seite die meterlange Grabstätte der Familien Mevissen und Stein. Dem Industriellen **Gustav Mevissen** sind ähnlich viele Verdienste zuzuschreiben wie Merkens. Mit ihm gründete Mevissen die Rheinische Dampfschifffahrtsgesellschaft. Außerdem initiierte Mevissen die Kölner Handelshochschule. Allerdings hielt Gustav Mevissen nichts von Bildung für Mädchen. Seinen Töchtern blieb sogar die heimische Bibliothek verschlossen. Seine Tochter **Mathilde von Mevissen** (1848-1924) dagegen, Autodidaktin und engagierte Frauenrechtlerin, setzte sich genau hierfür vehement ein. Sie gründete die Handelsschule für Mädchen, den Frauenbildungsverein, die Rechtsschutzzentrale für Frauen sowie den Frauenstimmrechtsverein. Obwohl die Beziehung zwischen Vater und Tochter recht schlecht war, ruhen sie nun fast Seite an Seite.

Kurz vor der Millionenallee findet sich die Grabstätte der Familie Langen. Hier hat auch **Karl Eugen Langen** (1833-1895), der Miterfin-

14

Das Kölner „Who is who" – Prominente auf Melaten

der des Ottomotors, seine letzte Ruhe gefunden. Er leistete Pionierdienst in der Zuckerindustrie und gründete die Fabrik Pfeifer & Langen, deren Produkte noch heute den Namen Kölns in alle Welt tragen. Außerdem baute Karl Eugen Langen die Schwebebahn in Wuppertal und war Mitinitiator des Reichspatentgesetzes.

Das Rondell zwischen Hauptweg und Millionenallee wird dominiert von dem Kriegerdenkmal von 1866. Folgt man von hier aus der Millionenallee nach Osten, begegnet man den Namen der VIPs des 19. und des 20. Jahrhunderts, von denen wir im Folgenden einige vorstellen wollen. Direkt an der südöstlichen Ecke des Rondells erinnert eine Grabinschrift an den berühmten Bariton **Wolfgang Anheiser**, der auf tragische Weise im Alter von 44 Jahren ums Leben kam. Am Neujahrsabend 1974 war er für einen kranken Kollegen eingesprungen und spielte den Bettelstudenten. Doch statt von einer etwa vier Meter hohen Balkonbrüstung mittels eines Seils hinabzuschweben, stürzte Anheiser zu Boden. Der Aufprall zerfetzte ihm die – voll aufgeblasenen – Lungen. Er starb am 5. Januar 1974. Später stellte sich heraus, dass ein Bühnenarbeiter vergessen hatte, das Seil mit einem Karabinerhaken an einem Gegengewicht zu befestigen. Den Grabstein aus Trevertin-Marmor arbeitete Werner Franzen aus Bergisch Gladbach in Form einer abgebrochenen Stimmgabel, in der Mitte gibt die Leier ebenfalls einen Hinweis auf den Künstler. Rechts auf dem Grabstein findet sich das Familienwappen sowie eine Urne, die mit einem Bass-Schlüssel versehen ist.

Einige Schritte weiter liegt das Grab der Familie Clouth. **Franz Clouth** (1838-1910) gründete 1862

Grabstätte der Familie Langen. Johann Jakob Langen (1794-1869) gründete die Firma J. J. Langen & Söhne. Karl Eugen Langen trat nach einem Studium am Polytechnikum in Karlsruhe in die väterliche Zuckerfabrik ein. Seine Entwicklungen für die Zuckerproduktion verkaufte er mit großem Gewinn ins In- und Ausland. Als Tüftler und Erfinder entwarf er die Wuppertaler Schwebebahn und gründete mit Nikolaus August Otto die erste Motorenfabrik der Welt, die Kommanditgesellschaft N. A. Otto & Cie.

Grabstätten des Baritons Wolfgang Anheiser und der Familie Gustav Brandt.

die Rheinische Gummiwarenfabrik. Die Grabmalgestaltung ist ein Beispiel für den funktionalen Jugendstil, der mit geometrischen Formen arbeitete: eine schlicht gestaltete Wand, auf deren Abschlussgesims der Familienname steht. Zwei Pfeiler flankieren die Wand, sie werden von zwei bronzenen Frauengestalten mit versteinertem Gesichtsausdruck bekrönt. Die Figuren führen die Vertikallinien der Grabmalarchitektur fort. Die linke, junge Frau trägt einen Dornenkranz und weist damit auf die Passion Christi hin. Die rechte, ältere Frau hält einen Efeukranz in den Händen, wobei das Immergrüne ewiges Leben und Treue versinnbildlicht. Ein weiteres Beispiel für den funktionalen Jugendstil mit einfachen klaren Formen ist etwas weiter auf der gegenüberliegenden Seite das Grabmal der **Familie Gustav Brandt**. Vor einer hohen, pyramidenartigen Stele aus rotem Granit, die nach oben abgetreppt ist, sitzt auf einer weißen Marmorbank eine Frau mit ausgebreiteten Armen. Trotz des reichen Faltenwurfs ihres langen Schleiers, der auf dem Kopf von einem Kranz gehalten wird, treten ihre Körperformen deutlich hervor.

Ein paar Schritte von der Millionenallee entfernt, an der östlichen Seite, steht an der Ecke von Weg G seit September 2002 eine Büste. Sie zeigt **Johann Christoph Winters** mit den Figuren Hänneschen und Bärbelchen sowie Tünnes und Schäl aus dem Hänneschen-Theater. Da Winters, der 1802 das Hänneschen-Theater gründete, im Alter von 90 Jahren 1862 völlig mittellos verstarb, erhielt er ein Armenbegräbnis. Damals war die Nordseite – die jetzige Millionenallee – die Friedhofsbegrenzung, hier wurden die Mittellosen beigesetzt. Sie hatten ein Ruherecht auf zwanzig Jahre, danach konnte das

Das Kölner „Who is who" – Prominente auf Melaten

Grab nicht verlängert werden und die Seite mit dem Eintrag wurde aus dem Friedhofsbuch entfernt. Deshalb ist heute nicht mehr genau nachzuvollziehen, wo der Puppenspieler damals beigesetzt wurde. Der Stadtkonservator Dr. Johannes Ralf Beines hat aber herausgefunden, dass es wohl auf der Höhe des heutigen Gedenksteins gewesen sein müsste.

Zurück auf der Millionenallee halten wir uns rechts und sehen die Grabstätte von **Franz Carl Guilleaume** (1789-1837), der um 1823 mit seinem Schwiegervater Johann Theodor Felten die Firma Felten & Guilleaume gründete. Den Entwurf für das bekränzte Hochkreuz soll Vincenz Statz geliefert haben. Wenige Schritte entfernt ruht **Theo Burauen**, genannt „dä Döres"; er wurde 1906 im Severinsviertel geboren. Von 1956 bis 1973 war er Kölner Oberbürgermeister. Bekannt wurde er in Deutschland, weil er der einzige deutsche Bürgermeister war, der zweimal „vom Himmel stürzte", beide Flugzeugabstürze aber wundersamerweise überlebte. Das erste Unglück ereignete sich 1963 während seines Aufenthaltes in Hongkong. Burauen war – mit Max Adenauer – auf einem Flug nach Kyoto. Bei einer „Bauchlandung" in Kai Tak blieben wie durch ein Wunder Burauen und alle weiteren 63 Insassen unverletzt. Fünf Jahre später stürzte bei einem Afrika-Besuch die einmotorige Maschine mit Burauen aus 100 Meter Höhe über Ruanda ab und zerschellte an einem Felsen. Burauens linkes Bein wurde zertrümmert, seitdem hatte er immer wieder Probleme damit. Schließlich wurde

In die Amtszcit von Theo Burauen als Oberbürgermeister fielen hohe politische Besuche, so begrüßte er den US-Präsidenten John F. Kennedy, General Eisenhower, Charles de Gaulles und Queen Elizabeth in der Domstadt. Er durfte auch erleben, dass der 1. FC Köln Deutscher Meister wurde. Andere sportliche Ereignisse waren die Gründung des KEC sowie die WM-Goldmedaille von Ulrike Meyfarth. Heinrich Böll erhielt den Literatur-Nobelpreis. 1973 wurde Burauen Ehrenbürger seiner Geburtsstadt.

Im September 1529 wurden die Protestanten Adolf Clarenbach und Peter Fliesteden auf Melaten als Ketzer verbrannt. 450 Jahre später, 1979, beschloss der Rat der Stadt Köln einen Gedenkstein für die beiden. Bis 1797 diente Melaten als Hinrichtungsstätte für Verbrecher, Mörder, Räuber, aber auch Ketzer und – im 17. Jahrhundert – für Hexen.

ihm Anfang der 1980er-Jahre das Bein teilamputiert. Als seine Frau Berta 1987 starb, folgte er ihr fünf Wochen später nach.

Diagonal auf der gegenüberliegenden Seite der Millionenallee, fast ein wenig von der Bepflanzung verdeckt, erinnert ein Gedenkstein, den der Bildhauer Heribert Calleen nach dem Ratsbeschluss der Stadt Köln vom 27. März 1979 schuf, an den protestantischen Prediger **Adolf Clarenbach** und seinen Studenten **Peter Fliesteden**. Sie wurden am 28. September 1529 auf Melaten als Ketzer verbrannt. Für die Opfer der Hexenverfolgungen gibt es – noch – keine Gedenktafel. Zwischen 1617 und 1655 wurden hier auf Melaten 34 Menschen als Hexen und vom Teufel Besessene hingerichtet – nur ein Mann war darunter. Alle Frauen wurden verbrannt, auch die Postmeisterin Katharina Henot 1627, deren Skulptur am Ratsturm steht. Zuletzt, 1655, hatte die zwölfjährige Entgen Lenartz zwei Jahre auf ihren Tod warten müssen, da sie erst als Rechtsmündige hingerichtet werden durfte.

Kehren wir auf der Millionenallee um und gehen nach Westen hinunter, kommen wir auf der nördlichen Seite am Familiengrab Koerfer vorbei. Hier ruht der Architekt **Jacob Servae Hubert Koerfer** (1875-1930). Er war Professor an der TH Braunschweig, schuf im Kölner Raum gediegene bürgerliche Mietshäuser, den Schwerthof am Neumarkt und schließlich – in der Rekordzeit von 135 Tagen – mit

66 Metern Europas erstes Hochhaus, das Hansahochhaus. Ermöglicht wurde diese Bauweise durch Stahlbeton. Den Schwerthof und das Hansahochhaus errichtete Koerfer übrigens mit eigenem unternehmerischem Risiko, denn sie waren sein Eigentum. Durch die Mieteinnahmen sollten die enormen Baukosten im Laufe der Zeit ausgeglichen werden. Einige Schritte vor dem ersten Rondell fällt schon von Weitem die lange Grabstätte mit dem etwa zehn Meter hohen Obelisken ins Auge. Dies ist die Familiengruft Deichmann, ihr sicherlich berühmtester Vertreter ist der Bankier **Wilhelm Ludwig Deichmann** (1798-1876). Er war der Schwiegersohn des Bankiers Abraham Schaaffhausen, dessen Bankhaus Deichmann eine Zeit lang leitete. Er selbst gründete das Bankhaus Deichmann & Co und war 1870 Mitbegründer der Deutschen Bank. Die Grabstätte entwarfen die Architekten Hermann Otto Pflaume und Heinrich Band, das Bronzetor zur Gruft gestaltete Wilhelm Albermann. Wegen seiner Länge heißt das Grabmal im Volksmund die „Kegelbahn".

Auch die benachbarte **Grabstätte Rautenstrauch** ziert ein Obelisk, wenn er auch nur etwa halb so hoch ist wie auf der Deichmann-Gruft. Adolf Rautenstrauch (1838-1885) war ebenfalls Bankier. Adele Rautenstrauch, eine geborene Joest, schenkte 1899 die ethnologische Sammlung des Forschungsreisenden Wilhelm Joest der Stadt Köln. Die Söhne des Bankiers, vor allem Kommerzienrat Eugen von Rautenstrauch (1879-1956), beteiligten sich an der Gründung des ethnologischen Museums.

Der Bankier Wilhelm Ludwig Deichmann war einer der reichsten Männer im Rheinland. Seinem Freund Alfred Krupp soll er Millionengeschäfte gewährt haben. 1818 hatte der Lutheraner Wilhelm Ludwig Deichmann als Lehrling bei dem katholischen Bankier Abraham Schaaffhausen angefangen. Er heiratete dessen Tochter Lilla und gründete später seine eigene Bank. In der Kaiserzeit erhielten die Deichmanns den Adelstitel.

1

Das Kriegerehrenmal von 1866 am Kreuzungsrondell von Hauptweg und Millionenallee. Die „Cameradschaftliche Vereinigung von 1866" stiftete es. Ein Sturmgepäck mit Helmzier aus Bronze liegt unter dem tabernakelförmigen Aufbau, der von einem Obelisken bekrönt wird. Auf dessen Spitze sitzt ein Adler, dessen Blick in die damalige Hauptrichtung, also nach Süden gen Aachener Straße, geht. Im Hintergrund die neu aufgebaute Kapelle für die Romakönigin Sophia Czory.

Neben diesen sehr sachlich gehaltenen Grabstätten fällt das erzählerisch gestaltete Patenschaftsgrab Wisdorf/Kolvenbach auf. Vincenz Statz entwarf es 1865 mit einer Szene der Auferstehung Christi, als der Tapetenfabrikant **Wilhelm Flammersheim** im Alter von 77 Jahren starb. Um 1850 hatte Flammersheim den mechanischen Tapetendruck erfunden, wodurch die Tapete ein erschwingliches Massenprodukt wurde. Flammersheim & Steinmann, gegründet 1790, gilt als die älteste Tapetenfabrik in Deutschland.

An der nordwestlichen Ecke des Rondells ist die neogotische Kapelle, die zur **Grabstätte Fiéveth** gehörte und im Zweiten Weltkrieg zerstört wurde, wieder aufgebaut worden. Dies war möglich, weil Henrik Czory, der König der Roma in Europa, für seine Frau Sophia Serfi (1930-1996) eine angemessene Grabstätte suchte. Czory übernahm die Patenschaft für das Grab Fiéveth und errichtete die Kapelle als Gruft für seine Frau.

Zu den bedeutendsten Kölner Bürgerfamilien zählten im 19. Jahrhundert die Pallenbergs, die auf der Millionenallee hinter dem ersten Rondell eine im Stil der Neorenaissance gestaltete Grabstätte besitzen: **Franz Pallenberg** (1808-1895) gründete mit seinem Bruder **Johann Heinrich** (1802-1884) die Möbelfabrik Pallenberg, die weit über Köln hinaus Ansehen genoss und es teils sogar zu Weltruf brachte. Die Brüder kamen aus einfachen Handwerkerkreisen, führten Furnierschneidemaschinen ein und verbanden so Kunst und Technik. Sie engagierten sich für Kunst und Kultur, förderten Kölner Museen, aber auch Künstler wie Wilhelm Leibl. Franz Pallenberg heiratete eine Tochter des Malers Arnold Böcklin. Er selbst starb als renommierter Maler und Bildhauer in Rom.

Wir ziehen die Millionenallee entlang, vorbei an der alten Trauerhalle, die 1880/81 errichtet wurde. Zurzeit werden neue Nutzungsmöglichkeiten für sie überlegt. Einige Schritte weiter fällt die modern gestaltete Grabstätte Funke-Kaiser auf, die eine Edelstahlplastik von Roberto Cordone ziert. Seit alters versinnbildlicht die Stele – oder auch oft eine abgebrochene Säule – das abgebrochene Leben. In der Mitte dieser Stahlstele ist eine in Kreuzesform durchbrochene Kugel angebracht. **Karl Funke-Kaiser** (1900-1971) gründete die Europa-Krankenversicherung AG und war ein bedeutender Kunstmäzen, ebenso wie seine Frau Gertrud Maria (1906-1986). Sie schenkte ihre Kunstsammlung dem damaligen Kunstgewerbemuseum. Beide waren die Ersten, die Werke des ligurischen Künstlers Roberto Cordone erwarben, der 1966 mit 25 Jahren nach Deutschland übersiedelte und seither an zahlreichen Ausstellungen teilnahm. Die Plastik „Verticale" hatte Karl Funke-Kaiser für seinen Garten gekauft. Nach seinem Tod entschied seine Frau, sie solle auf ihrer Grabstätte stehen.

Auf der gegenüberliegenden Seite ist die sehr sachlich gehaltene Grabstätte von **Vincenz Statz** (1819-1898). Er lernte zunächst bei seinem Vater das Schreinerhandwerk und trat 1845 in die Kölner Dombauhütte ein, war Diözesanbaumeister und machte sich als Architekt und Bildhauer selbstständig. Im Rheinland errichtete er etwa vierzig Kirchen, darunter die Kölner Mauritiuskirche. Auf Melaten schuf er einige Denkmäler (vgl. Wisdorf/Kolvenbach), auch sein eigenes Grabmal entwarf er. Sein Vater **Johann Statz** (1790-1860) war Baumeister in Köln, sein Grab befindet sich im Querweg J (Richtung Friedhofsverwaltung) zwischen den Wegen C

Patenschaftsgrab Wisdorf/Kolvenbach. Der Bildhauer Vincenz Statz errichtete es im neugotischen Stil, da im 19. Jahrhundert alles Mittelalterliche durch den Weiterbau des Kölner Domes eine Renaissance erlebte. Das ursprünglich für den Kölner Tapetenfabrikanten Wilhelm Flammersheim gestaltete Grabdenkmal weist viele Details auf. So wird die Szene der Auferstehung Christi mit erschrockenen römischen Soldaten bereichert. Über allem wacht ein langbärtiger Gottvater.

und D. Dort ruht auch Vincenz Statz' Sohn Franz (1848-1930), der ebenfalls Diözesanbaumeister in Köln war.

Nicht sehr weit von der Grabstätte des Vincenz Statz entfernt beeindruckt immer noch die Grabmalgestaltung der **Familie Oelbermann**, obwohl die Engelsskulptur vor dem Zweiten Weltkrieg durch ihre ausladenden Flügel noch eindrucksvoller war. Über einen reich profilierten Sarkophag breitet ein Engel mit einer Posaune in der Rechten einen in kunstvolle Falten gelegten Stoff, der an ein Velum erinnert. Der Entwurf geht auf Karl Jansen zurück, der in Düsseldorf den malerisch-dekorativen Neubarock Berliner Prägung propagierte. Emil Oelbermann war ein erfolgreicher Großkaufmann in der Textilbranche, der um 1850 in die USA ging und es zu legendärem Reichtum brachte. 1878 kehrte er nach Köln zurück. 1868 hatte er Laura Nickel (1846-1929) geheiratet, ihre drei Söhne verstarben allerdings früh. Emil Oelbermann erlebte es nicht mehr, dass seine Frau von Kaiser Wilhelm II. 1918 in den Adelsstand gehoben wurde. Sie spendete für viele karitative Institutionen wie der Evangelischen Frauenhilfe und dem Evangelischen Krankenhaus. Außerdem engagierte sie sich persönlich durch Hausbesuche auch bei ärmsten Familien. In ihrem Testament bestimmte sie, dass ihre Villa in ein Wohnheim für alleinstehende Frauen umfunktioniert werden sollte.

Auf der gegenüberliegenden Seite fällt die markante, moderne Gestaltung mit einer Säulenreihe und einem Wandmosaik auf der **Grabstätte Waffen-**

Trotz der Kriegsschäden beeindruckt auch heute noch die Grabstätte der Familie Oelbermann. Sie zählte zu einer der reichsten Familien in Köln und hatte einen Palais am Hohenstaufenring.

Laura Oelbermann galt zwar als sparsame Hausfrau, aber um die Mittagszeit standen die Menschen vor ihrem Haus Schlange, denn alle wussten, „de reiche Frau Oelbermann jeht aus" und zeigte ihren Schmuck. Wenn die Millionärswitwe aber arme Familien besuchte – zwölf bis 15 am Tag –, kam sie nie mit leeren Händen.

schmidt auf. Das Mosaikbild, das der Münchner Künstler Kay Winkler schuf, stellt die Szene „Christus am Ölberg" dar. Sie nimmt Bezug auf den Ölberg, der die ursprüngliche Grabstätte Anton Langer zierte. Es handelte sich um einen meterhohen Ölberg mit Grotte, bekrönt durch einen Engel mit erhobenem Arm. Vor dem Ölberg befand sich eine neugotische Sargeinlass-Kapelle. Nach der Zerstörung im Zweiten Weltkrieg ist nur die neugotische Gruft erhalten. Fritz Waffenschmidt, früherer Chef der Firma Saturn, der das Unternehmen Ende der 1970er-Jahre zum weltgrößten „Hifi-Tempel" machte, hat die Grabstätte Langer in Patenschaft übernommen.

Macht man einen kurzen Abstecher in den nächsten Querweg rechts, so erkennt man bereits von Weitem an Flur 73 A die aufwendige, neuklassizistisch gestaltete Gruftanlage für den Schokoladenkönig **Ludwig Stollwerck** (1857–1922). Durch einen Säulenportikus tritt man in einen kleinen Innenhof, der von Räumen umgeben ist, die auch als Betkapellen dienen. Es wird erzählt, dass sich hier manch ein Obdachloser einen Übernachtungsplatz gesichert habe. Der Entwurf stammt von dem Kölner Architekten Carl Moritz.

Gehen wir weiter nach Norden und folgen der Biegung des Wegs, stoßen wir an Flur 82 auf das ursprüngliche Grab für Johann Müllemeister, der 1902 im Alter von 51 Jahren starb. Noch heute erschrickt manch einer, wenn er den „Sensenmann" auf einem Felsen erblickt.

In der Rechten trägt das Totengerippe, das der Münsteraner Bildhauer August Schiemann schuf, eine Sanduhr. Die Furcht einflößende Gestalt des Sensenmannes ziert heute das Patenschaftsgrab der Familie Steinnus. Ihr Sohn Martin hat hier seine letzte Ruhe gefunden.

2 Musiker, Maler und Mäzene

2

Kunst und Karneval auf Melaten

Ein fröhlicher Clown steht auf dem Grab des langjährigen Präsidenten des Festkomitees Kölner Karneval Hans Horst Engels (1933-2007) an der Millionenallee.

Vorherige Doppelseite:
„Es bleiben uns wohl seine Lieder / Sie pflanzen seinen Namen fort...", so beginnt die Inschrift auf dem Grabstein von Toni Steingass. Eine Porträtbüste erinnert an den Chef des Steingass-Terzetts, der uns über 400 Lieder hinterließ. Unter der Büste weist die Lyra des Orpheus auf den Musiker hin. Seit 1950 arbeitete er auch für den Rundfunk und engagierte sich für Kindersendungen. 16 Jahre lang moderierte er die WDR-Sendung „So klingt's im Rheinland".

Wir sind bereits einigen bedeutenden Künstlern und Mäzenen wie Wallraf, Richartz, Rautenstrauch, Statz und Funke-Kaiser auf unserem ersten Spaziergang begegnet. Groß ist die Zahl der prominenten Künstler, die auf Melaten begraben sind, so dass der folgende Weg nur einige beispielhaft herausgreifen kann. Wir beginnen unsere Wanderung am Haupteingang Aachener Straße und wenden uns sofort nach Osten. Der Weg führt an der alten Friedhofsmauer vorbei. Kurz vor dem Ende der ersten Flur halten wir uns links. Relativ weit nordwestlich in dieser Flur A liegt das Grab des Malers **Anton Räderscheidt** (1892-1970). Nur ein einfacher, mit Namen und Lebensdaten versehener Grabstein erinnert an diesen bekannten Vertreter der Neuen Sachlichkeit. Im Museum Ludwig sind Werke von ihm wie „Das Ehepaar Bischof" zu bewundern. Mit Max Ernst und Theodor Baargeld gründete er die Gruppe „Stupid". Von den Nationalsozialisten verpönt, lebte er von 1934 bis 1949 in Frankreich, dann kehrte er nach Köln zurück.

Wir setzen den Weg in nördlicher Richtung fort und halten uns auf dem Querweg B rechts. Wir wandern an der nächsten Flur entlang und biegen an der Kreuzung rechts in den Weg R. Nach wenigen Metern

Musiker, Maler und Mäzene – Kunst und Karneval auf Melaten

liegt auf der westlichen Seite das Grab des Komponisten **Willi Ostermann** (1876-1936), dessen Lieder wie „Et Schmitze Billa" oder „Et Stina muss ne Mann han" noch heute oft gesungen werden. Sein Können ist umso erstaunlicher, wenn man bedenkt, dass er keine Noten lesen oder ein Instrument spielen konnte. Nicht weit von Ostermann entfernt ruhen sehr viele Karnevalisten, deshalb heißt es hier das „Karnevalistenfeld". Dort findet sich beispielsweise das Grab des Komponisten, Texters und Verlegers **Toni Steingass** (1921-1987), der Chef des Steingass-Terzetts war. Berühmte Lieder wie „Der schönste Platz ist immer an der Theke" oder „Hurra, hurra, der liebe Jung is wieder da" verdanken wir ihm. Er initiierte auch den Funkenbiwak der Roten Funken auf dem Neumarkt. Die Lyra des Orpheus auf dem Gedenkstein verweist auf den Komponisten. Der Künstler Herbert Labusga schuf die lachende Porträtbüste von Toni Steingass auf der Grabstätte. Die einige Meter entfernte Grabstätte von **Piet Fries** (1882-1938), der die Karnevalszeitung „Ulk" herausgab, hat die Familie von King Size Dick in Patenschaft übernommen.

Diagonal gegenüber in der nächsten Flur ruht **Gerti Runkel** (1911-1991). Sie war die erste Frau, die ein Divertissementchen schrieb. Nach ihrer Premiere 1978 mit „De Jlobetrotter" schuf sie noch sieben Divertissementchen für den Männer-Gesang-Verein. Die Autorin, die für den WDR rheinische Hörspiele verfasste, spielte auch im Hänneschen-Theater mit.

Willi Ostermanns Abschiedslied „Heimweh nach Köln", dessen Refrain „Ich möch zo Foß noh Kölle jonn" lautet, erklingt manchmal noch heute auf Beerdigungen. Es wurde ebenfalls an Ostermanns Grab 1936 gesungen.

Charly Niedeck brach am 1. November 1992 auf der Straße zusammen und wurde überfahren. Etwa 2 000 Menschen kamen zu seiner Beerdigung. Während der Trauerfeier spielte seine Band, die „Cologne Antik Swingers", seine Lieblingslieder. Am Grab sang Günter Eilemann die vierte Strophe ihres letzten gemeinsamen Liedes „Junge aus dem Levve". Sein Freund Bert von der Post legte Charlys Gitarre mit ins Grab. Seit 2002 ruht der „Musikant" aus dem Eilemann-Trio, Willy Schweden, gegenüber von Niedecks Grab. Nicht weit ist das Grab von Hermann Götting.

Sie ruht quasi Fuß an Fuß mit dem „Kapellmeister" **Christian Reuter** (1899-1970). Neben ihm liegt der Lyriker und Karnevalsredner **Hans Jonen** (1892-1958). Er schrieb den Text „Am Aschermittwoch ist alles vorbei", zu dem Jupp Schmitz (siehe unten) die Komposition verfasste. Einige Gräber weiter ist **Jupp Schlösser** (1902-1983) begraben, dem wir die Lieder „Die Hüsjerbunt om Aldermaat", „Sag ens Blotwoosch" und „Kornblumenblau" verdanken.

Im nächsten nördlichen Feld (Flur 28) ruht **Franz Röder** (1916-1999). Als Amadeus Gänsekiel wurde der „Rote Funk" bekannt. Deshalb schmückt eine Gänsefeder seinen Grabstein. Diagonal gegenüber ist die Grabstätte von **Charly Niedeck** (1938-1992), der 1956 als Nachfolger für Horst Muys in das Eilemann-Trio kam. Er war die „Ulknudel" des Trios und der Spaßmacher am Kontrabass. Seine Gitarre wurde ihm mit ins Grab gegeben. Die Stahlplastik mit dem Titel „10 cm über dem Rhein" auf dem Gedenkstein, die Friedrich Engstenberg schuf, mag an das Instrument erinnern, mehr wohl noch die Bepflanzung.

Folgen wir dem Querweg D nach Westen, so steht einige Meter vor dem Rondell eine hohe gotische Fiale mit Maßwerk. Hier ruht **Matthias Joseph DeNoel** (1782-1849), der Gründungsmitglied des „Festordnenden Comités für die Carnevalslustbarkeiten" war. Berühmt wurde er, weil er der erste Konservator des gerade gegründeten Wallrafianum wurde. Er heiratete mit sechzig Jahren Anna Maria von Haupt, die Witwe des Peter Brewer. An beide erinnern die anderen Inschriften.

Wir folgen dem Weg D weiter nach Westen, biegen an der zweiten Kreuzung links in den Weg J. An der nächsten Kreuzung fällt das klassizistische Taberna-

Musiker, Maler und Mäzene – Kunst und Karneval auf Melaten

kelgrab in Tempelform auf, das eine Christusfigur beherbergt. Hier ruht der Fabrikant **Jacob Wahlen** (1788-1845). Wenige Schritte nach Süden, am Weg J, sehen wir alsbald die Gräber einer Freundesgruppe, die nicht nur im Leben für einander da waren, sondern auch im Tod vereint sein wollten. **Lis Böhle** (1901-1990) war bereits beim Reichssender und später beim WDR die erste Kölsch-Sprecherin. Manche erinnern sich vielleicht an ihre Sendungen wie „Wat bei Schmitzen all passeet", „Rümcher und Verzällcher" oder ihre Kolumnen „De Woch fängh jot an mem Lis Böhle" in den Kölner Tageszeitungen. Durch ihre Sendungen im Dialekt trug sie mit dazu bei, dass die „kölsche Sprooch" nach dem Zweiten Weltkrieg nicht verloren ging. Ihr Mann **Hans Schmitt-Rost** (1901-1978) war etwa zwanzig Jahre Pressechef der Stadt Köln und hat zahlreiche lesenswerte Essays verfasst. Der Publizist **Toni Feldenkirchen** (1907-1982) leitete von 1942 bis 1972 den Kölnischen Kunstverein und war maßgeblich am Kölner Kunstleben beteiligt. Bereits 1949 hatte er die Ausstellung „Deutsche Malerei und Plastik der Gegenwart" arrangiert. Diese wurde 1978 rekonstruiert, was auf dem Sektor der Ausstellungen einmalig ist. Der Antiquitätenhändler **Aloys Faust**, dessen Stele Werner Franzen schuf, half den Freunden unter den Nationalsozialisten in manch schwieriger Situation. **Friedrich Vordemberge** (1897-1981) leitete an den Kölner Werkschulen die Klasse für Zeichnen und Malen. Von 1958 bis 1965 war er Direktor der Werkschulen. Er engagierte sich für ihre Umwandlung in eine Hochschule

Das Grab für Jakob Wahlen erinnert an einen kleinen ionischen Tempel. Mittlerweile wurde die ursprüngliche Farbgestaltung wieder hergestellt. Das Vorbild für die Christusfigur, hier als Weltrichter, geht wohl auf den dänischen Bildhauer Bertel Thorvaldsen zurück. Auf dem Dach blasen vergoldete, eiserne Posaunen zum Jüngsten Gericht.

der freien Künste. Den Grabstein für Vordemberge und seine Frau Else schuf Heribert Calleen nach einem Holzschnitt, den Vordemberge selbst erstellt hatte.

Wir setzen den Weg J nach Norden fort, gehen am Tabernakel von Wahlen vorbei und an der nächsten Kreuzung links nach Westen wieder auf Weg D. Nach der nächsten Kreuzung steht auf der südlichen Seite ein schlichter

Nach dem Vorbild eines Holzschnitts von Friedrich Vordemberge gestaltete Heribert Calleen den Grabstein (im Bild rechts) für den Maler und ehemaligen Direktor der Werkschulen. Vordemberge, dessen Lebensmotto „Malen, trinken und schön leben" lautete, wurde 84 Jahre alt. Seine Frau Els leitete lange Zeit den Kinderfunk des WDR.

weißer Gedenkstein in Kreuzesform mit geschwungener Linienführung. Hier ruht der Schauspieler **Willy Birgel** (1891-1973), der durch Filme wie „Ein Mann will nach Deutschland" oder „Zu neuen Ufern" in den 1930er-Jahren bekannt wurde. Umstritten war später seine Rolle als Rittmeister Brenken im Film „.... und reitet für Deutschland" (1941). Nur ein Grab weiter wurde fünf Jahre später Birgels jüngerer Kollege **René Deltgen** (1909-1979) beigesetzt. Die beiden standen mehrfach gemeinsam vor der Kamera, so 1930 in dem Film „Kongoexpress". Auch Deltgen zog nach dem Zweiten Welt-krieg das Theater vor, in Köln feierte er einen großen Erfolg in seiner Rolle als General Harras in Carl Zuckmayers Stück „Des Teufels General". Nicht weit entfernt ruht in D (zwischen Lit V und Lit W) die Mundartdichterin **Ria Wordel** (1894-1992). Erst spät begann sie zu schreiben, ihr Werk „Psalmen op Kölsch" verfasste sie im Alter von achtzig Jahren.

Wir setzen unsere Wanderung entlang Weg D fort, an der nächsten Kreuzung biegen wir links ab und folgen dem Weg über die nächste Kreuzung. Hier

Musiker, Maler und Mäzene – Kunst und Karneval auf Melaten

biegen wir in Feld 44 ein, wobei wir uns weiter nach Westen orientieren. Fast am Ende dieses Feldes steht eine Baumgruppe, zu der ein schneckenförmiger Weg führt. Folgt man ihm, sieht man bald zwei recht unscheinbare Eichenkreuze. Diese schuf der Künstler **Ludwig Gies** (1887-1966) für sich und seine Frau Hanna. Unter den Nationalsozialisten verlor er seine Professur an der Berliner Hochschule. Von 1950 bis 1962 war er Professor für Bildhauerei, Steinmetz- und Friedhofskunst an den Kölner Werkschulen. Einer seiner Meisterschüler war Heribert Calleen, von dem wir bereits einigen Grabsteinen auf Melaten begegnet sind. Bekannte Arbeiten von Gies sind die „Engelschöre" in der Kapelle Madonna in den Trümmern der Ruine St. Kolumba oder die „Engel" im Kapitelsaal der Kartause. Er gestaltete das Funkhaus des WDR sowie den „Adler" für das Bundeshaus in Bonn. Auf Melaten schuf er das Grabmal für Hans Böckler (Flur 60 A) sowie die Trauernde auf dem Grab des Bürgermeisters Robert Görlinger (Flur 60 A).

Wir verlassen Feld 44, überqueren den breiten Weg und gehen in Feld 43. Direkt an der südwestlichen Ecke entdecken wir die schlichte Grabplatte für **Ernst Wilhelm Nay** (1902-1968), dessen farbenprächtige Werke Köln zu internationalem Ruf verhalfen. Einige besitzt das Museum Ludwig. Zwischen 1922 und seinem Lebensende hat Nay immerhin über 1 300 Bilder gemalt.

Wir gehen zurück und halten uns nun in Richtung Rondell, dort aber etwas rechts und setzen unseren Weg geradeaus in Richtung Norden fort. Dort betreten wir dann Flur 61. Hier finden wir das Patenschaftsgrab des Kölner Fotografen, Sammlers, Publizisten und Kurators **L. Fritz Gruber** (1908-2005). Das Kölner Museum Ludwig, welches 1977

1950 stand er mit Hans Albers für den Film „Vom Teufel verjagt" vor der Kamera. Ab 1959 spielte er vermehrt an Theatern, in Köln war er in der Komödie „Sind wir das nicht alle?" zu sehen. Willy Birgel starb im Alter von 88 Jahren, zu seiner Beerdigung strömten im Januar 1974 etwa 4 000 Menschen.

Mitglieder von Westernclubs aus ganz Deutschland kamen im Januar 1954 nach Melaten, um den großen Häuptling Billy Jenkins in die ewigen Jagdgründe zu begleiten. Allerdings stimmt die Legende, wie sie in über 250 Abenteuerheften und Büchern dargestellt wird, nicht mit dem wirklichen Leben von Billy Jenkins alias Erich Rudolf Otto Rosenthal überein. Vier Bücher schrieb Jenkins, der auch als großer Greifvogeldompteur galt, selbst, dann stellte er seinen Namen der Reihe zur Verfügung.

etwa 800 Bilder aus der Sammlung Gruber erwarb, die ein wesentlicher Bestandteil der fotographischen Abteilung sind, würdigte seine Verdienste mit einer eigenen Ausstellung. Gruber wählte die Grabstätte der Familie Schwann mit dem Obelisken, der um 1894 entstand, aus, weil es ihn an seine beruflichen Erfolge erinnert. Er entwarf ein Kristall-Objekt in Obelisk-Form, das als Auszeichnung für kreative Leistungen seit 1963 zur Weltmesse Photokina, die er mitbegründete, verliehen wird.

Wir kehren zum Rondell zurück und folgen dem Weg D nach Westen. Am Ende der Flur 55 biegen wir nach links und entdecken das Grab des vermeintlichen Schriftstellers und Zirkusartisten **Billy Jenkins** alias Erich Rudolf Otto Rosenthal (1885-1954). Als Jugendlicher verließ er nach einer Metzgerlehre seine Heimatstadt Magdeburg und entdeckte die Welt in Südafrika, China und den USA. Dort arbeitete er als Cowboy, später brachte er seine hier erlernten Künste, vor allem sein zielsicheres Schießen, im Zirkus Sarrasani ein. Seine „Billy-Jenkins-Hefte" wurden noch fast zehn Jahre nach seinem Tod gedruckt. Zu seiner Beerdigung erschienen viele als Cowboy oder Squaw verkleidet, darunter soll es aber auch echte gegeben haben. Einzigartig ist wohl, dass an seinem Grab Salutschüsse abgegeben wurden.

Wir folgen dem Weg nach Norden, überqueren die Millionenallee und biegen nach Osten in den Weg K. Nach einigen Metern entdecken wir das Grab von **Heinz Günter Konsalik** (1921-1999). Er war einer der erfolgreichsten Autoren der Nachkriegszeit. Seine 155 Romane wurden in 42 Sprachen übersetzt und 83 Millionen Mal verkauft. Bekannt wurde er 1956

Musiker, Maler und Mäzene – Kunst und Karneval auf Melaten

durch seinen Roman „Der Arzt von Stalingrad". Sein letzter Roman „Der Hypnosearzt" erschien im Mai 1999, wenige Monate vor seinem Tod. Das Grab ist durch die Bepflanzung wie ein aufgeschlagenes Buch gestaltet.

Diagonal gegenüber finden wir die Grabstätte des Kölner Rechtsanwalts und Mäzens **Josef Haubrich** (1889-1961). Er vermachte seine große Kunstsammlung der Expressionisten wie Heckel, Kirchner, Marc und Chagall 1946 der Stadt Köln. Heute bildet sie einen Kernbestand der expressionistischen Abteilung des Museum Ludwig. Etwa ein Jahr vor seinem Tod heiratete er Lucy Millowitsch. So liegt die Schauspielerin nicht weit entfernt von der Grabstätte der Familie Millowitsch. Neben anderen Familienmitgliedern ruht hier **Willy Millowitsch** (1909-1999), seit 2004 auch seine Frau Gerda. Wir gehen bis zum Rondell und setzen unseren Weg nach Norden fort. An der ersten Kreuzung biegen wir ab. Auf mittlerer Höhe, im Feld 76 A, steht ein recht großer, schlichter Kubus, auf dem eine flache, steinerne Schale mit Henkel steht. Geschaffen hat den Grabstein Georg Grasegger. Nur mit Mühe lässt sich die Inschrift entziffern: „Adolf Fischer Frida Fischer Stifter des Museums für Ostasiatische Kunst. Die dankbare Stadt Köln *13.IV.1914 †23.IV.1945". Der Wiener Sohn eines Großindustriellen, **Adolf Fischer**, war Kaufmann, aber auch ausgebildeter Schauspieler und hegte ein großes Interesse für die asiatischen Völker. Mit seiner Frau Frida reiste er fünfmal nach Ostasien und erwarb viele Kunstwerke. Für diese wollte er ein Museum, für das er schließlich die Stadt Köln gewinnen konnte. Das Museum für Ostasiatische Kunst wurde 1913 am Hansaring eröffnet. Kurz darauf verstarb Adolf Fischer, Frida übernahm, wie in der Ver-

Willy Millowitsch stand bereits in jungen Jahren im Theater seines Vaters Peter auf der Bühne. Eine Schauspielerausbildung hat er nie genossen. Durch Konrad Adenauer ermuntert, eröffnete Willy mit seiner Schwester Lucy am 16. Oktober 1945 das Theater an der Aachener Straße.
Im Oktober 1953 brachte das Fernsehen eine Direktübertragung von „D'r Etappenhas". Es wurde etwa tausend Mal auf der Bühne gespielt. Noch als 80-Jähriger begeisterte er als Kommissar Klefisch das Fernsehpublikum.

einbarung mit der Stadt Köln vorgesehen, die Museumsleitung. Als sie 1922 den jüdischen Senatspräsidenten Prof. A. Wleruszowski heiratete, bekam sie bald viele Schwierigkeiten. Das Museum wurde im Zweiten Weltkrieg zerstört, die Sammlung konnte größtenteils gerettet werden.

Wir folgen dem Weg und gehen in südlicher Richtung zur Millionenallee. Auf mittlerer Höhe sehen wir auf der östlichen Seite einen flachen Stein mit einigen Münzen, die den Künstlernamen „**Baargeld**" unterstreichen. Hier ruht der Zentrodada – wie er sich selbst nannte – Johannes Theodor Baargeld alias Alfred Ferdinand Gruenwald. 1919 gründete der betuchte Baargeld mit Hans Arp und Max Ernst die Kölner Dada-Zentrale. Auf der Millionenallee angekommen, folgen wir dieser bis zur alten Trauerhalle. Nur wenige Schritte entfernt ruht am Weg V der Architekt **Wilhelm Riphahn** (1889-1963). Er hinterließ zahlreiche renommierte Bauten in Köln, noch aus dem Jahr 1924 stammt die Bastei am Rheinufer. In die Zeit des Wiederaufbaus nach dem Krieg fallen die Bebauung an der Hahnenstraße mit dem Kulturzentrum „Die Brücke" und das Opernhaus. An der alten Trauerhalle folgen wir dem Weg F parallel zur Millionenallee, wir gehen in die übernächste Flur 11 in F und halten uns dort weiter nach Osten. Zwischen den Lebensbaumhecken liegt das Grab des Künstlers **Georg Meistermann** (1911-1990), dessen Handschrift sich sofort auf dem Grabstein entdecken lässt. Den Entwurf für das Wandgrab fertigte er selbst. Berühmt sind seine Glasfenster im Spanischen Bau des Kölner Rathauses und in St. Gereon.

Wir kehren auf die Millionenallee zurück und gehen bis zur neuen Trauerhalle, die Fritz Schaller 1957 im

Am Grab des Zentrodadas J. T. Baargeld finden die Besucher echtes Bargeld.

Der Maler und Glasmaler Georg Meistermann wohnte seit 1950 in Köln-Braunsfeld, wo er für die dortige Kirche St. Joseph die Glasfenster gestaltete.

Musiker, Maler und Mäzene – Kunst und Karneval auf Melaten

Stil frühchristlicher Basiliken mit einem offenen Atrium schuf. Hier nehmen wir den Weg Q nach Norden und biegen in die erste Flur XI ein. Dort erkennen wir den roten Granitstein mit den goldenen Lettern, die an **Jupp Schmitz** (1901-1991) und seine Frau Barbara erinnern. Sie veranlasste, dass eines der Lieder, durch das ihr Mann berühmt wurde – „Am Aschermittwoch ist alles vorbei" – mit den entsprechenden Noten in den Stein gemeißelt wurde. Der Text stammt von Hans Jonen (siehe Tour 1). Gehen wir den Weg Q weiter nach Norden, liegt am Ende von Flur XI, an der nordwestlichen Ecke von Weg L eine schlichte kleine Steinplatte, die an **Horst Muys** (1925-1970) erinnert. Der Text „Der liebe Jung aus Köln am Rhein" mag manchen zu Widerspruch anregen, denn der Schauspieler – er lernte bei Gustav Gründgens in Berlin – und Büttenredner stammte aus Mülheim an der Ruhr und wurde in Duisburg geboren. Da Muys sich bestens in der Unterwelt auskannte, ständig Schulden hatte, den Gerichtsvollzieher schon von der Bühne aus im Publikum erkannte und auch selbst Tage im „Klingelpütz" verbrachte, ist die Bezeichnung „leeve Jung" vielleicht etwas fraglich. Seine bisweilen überaus schlüpfrigen Witze stießen bei manchen auf Ablehnung. Oberbürgermeister Theo Burauen verließ demonstrativ den Sitzungssaal, wenn Muys auftrat. Das Rotlichtmilieu, das er in seinem Lied „In der Brinkgass Nr. 4" besingt, kannte Muys gut aus eigener Erfahrung. Seine karnevalistische Karriere begann er 1953 als Komiker am Bass im Eilemann-Trio. Sein Lied „Ne Besuch em Zoo" wurde an seinem Grab in der Moll-Version gespielt.

Jupp Schmitz wurde 1901 im Severinsviertel geboren. Sein Vater, der Trompeter war, sorgte dafür, dass der Sohn eine klassische Pianistenausbildung bekam. Nach dem Ersten Weltkrieg verdiente er sich seinen Lebensunterhalt als Caféhausmusiker. Mit eigenen Kompositionen begann er erst in den 1930er-Jahren. Nach dem Zweiten Weltkrieg trat er vermehrt im Karneval auf. Durch Lieder wie „Ich fahr' mit meiner Lisa, zum schiefen Turm von Pisa", „Wer soll das bezahlen?" oder „Wir kommen alle in den Himmel" wurde er auch in der Schlagerszene bekannt. Später gelangen ihm immer wieder Stimmungslieder wie der Evergreen „Es ist noch Suppe da" (1968) oder „Ist meine Frau nicht fabelhaft" (1979). Als er 1991 verstarb, war sein Tod Thema in der Tagesschau.

Nicht nur als Akte

3 und Trauernde

Frauen auf Melaten

Vorherige Doppelseite:
Frauendarstellungen, meist als Trauernde, finden sich auf Melaten häufig. Manchmal tröstet ein Engel die Trauernde, manchmal streut sie Rosen als Zeichen immerwährender Liebe.
Dieser trauernde Engel mit hängenden Flügeln und weiblichen Zügen streut Blumen über das Grab.

Bei dieser Wanderung über Melaten geben wir keine Wegbeschreibung, da die Gräber teilweise sehr weit auseinander liegen. Wir nennen daher lediglich die Orte der Grabstätten, so dass Sie sich anhand des Friedhofplans, der vorn im Buch abgebildet ist, orientieren können.

Einigen markanten Frauen wie Lis Böhle, Gerti Runkel, Ria Wordel, Frida Fischer, Sophia Czory, Gertrud Funke-Kaiser, Laura von Oelbermann, Lucy Millowitsch oder Mathilde von Mevissen sind wir in den vorangegangenen Touren auf Melaten bereits begegnet. Viele wären es wert, hervorgehoben zu werden, aber an dieser Stelle wollen wir uns auf eine Handvoll beschränken und stattdessen auch solche Frauen berücksichtigen, an die wohl kaum einer denken würde, hätten sie kein Grab auf Melaten. Doch auch den unterschiedlichen Darstellungen von Frauen gilt unser Blick.

Aus der ersten Zeit des Friedhofs Melaten liefern uns die Grabinschriften nur wenige Hinweise auf Frauen, jedenfalls ist ihre Identität kaum fassbar, sie werden mit dem Namen – und den Titeln – ihres Ehemanns aufgeführt, scheinen es aber nicht für wert geachtet zu werden, wenigstens mit eigenem Vornamen zu erscheinen. Wenn ihre Verdienste hervorgehoben werden, ist es bereits eine hohe

3 Nicht nur als Akte und Trauernde – Frauen auf Melaten

Auszeichnung, so bei **Maria Sibilla Molinari** (1835-1899). Die Inschrift am Hauptweg (zwischen Lit A und B) besagt: „Ihr Andenken lebt in Segen durch milde Stiftungen für Arme und Waisen. Dankbarkeit widmet ihnen dies Denkmal."

Entsprechend bildet der Grabstein für die 25-jährige **Maria Catherina Urbach** (1794-1819) wegen seiner langen, erzählenden Inschrift eine große Ausnahme: „Grab meiner edlen guten Gattin Maria Cath. Urbach, geb. Valkenberg in Worms den 25. Juni 1794, in der Blüte des Lebens mit mir ehelich vereint und dreimal Mutter, verlor ich die mir so threue ach zu frühe im Leben der Liebe den 28. Dec. 1819. Durch Nervenschwäche entkräftet begehrte sie die letzten Sakramente des Heils und beschloss im 7. Jahr unseres Ehesegens im heiligsten Vertrauen auf den Allerbarmer, dem wir leben und sterben. Sanft ruhe hier dein Staub, o mir und unseren Kindern unvergessliche! Dieses Denkmal sey dir mein Danck und mein Zeugnis an die Nachwelt, wie sehr ich dich schätze, sey nun du der Schutzengel meiner Zukunft und meines Geschlechts. Caspar Urbach in Köln." Das Grabmal der Maria Urbach findet sich in Lit A zwischen Lit H und J.

Nicht weit entfernt, an der Kapelle in J, entdecken wir das bescheidene Grab der Klosterfrau **Maria Clementine Martin** (1775-1843), es ist ein mit einfachem Maßwerk verziertes Steinkreuz. Sie ist

An manchen Grabstätten finden sich Darstellungen tiefer Zuneigung, die über den Tod hinausweisen, so wie hier an der Grabstätte für Elisabeth Bender (1924-2001). Auf der Seite ist zu lesen „Eine kleine Weile seht ihr mich nicht mehr, eine kleine Weile seht ihr mich wieder. Joh. 16".

Anna Maria Clementine Martin, die durch ihren „Klosterfrau Melissengeist" berühmt wurde, kam 1825 nach Köln und baute hier als 50-Jährige einen Destillationsbetrieb auf, der bald florierte. 1829 gestattete ihr König Friedrich Wilhelm III., das preußische Wappen auf den Etiketten ihrer Waren zu führen. Dieses unverwechselbare Warenzeichen ließ sie sich 1831 beim Rat der Gewerbeverständigen der Stadt Köln eintragen und richtete nun in Bonn, Aachen und sogar im fernen Berlin die ersten Depots ein.

sicherlich eine der ganz wenigen Frauen, die es im 19. Jahrhundert aus eigener Kraft zur erfolgreichen Unternehmerin brachten. Maria Clementine Martin ging mit 17 Jahren ins Kloster, studierte Klostermedizin und arbeitete seit 1792 in der Apotheke des Klosters Coesfeld. Als sie aufgrund der Säkularisierung das Kloster verlassen musste, widmete sie sich der Krankenpflege und wurde vom preußischen König wegen ihres Engagements für die Verwundeten in der Schlacht zu Waterloo ausgezeichnet. 1826 gründete sie die noch heute florierende Firma „Maria Clementine Martin Klosterfrau". Sie wurde berühmt für die Herstellung von „Klosterfrau Melissengeist", „Klosterfrau Schnupfpulver" und „Klosterfrau Kölnisch Wasser Doppelt". Als sie verstarb, wurden ihr zu Ehren die Domglocken geläutet.

In Flur 52 finden wir die Gräber von zwei sehr unterschiedlichen Frauen. **Anna Päffgen** (1911-1992) heiratete mit 23 Jahren Hermann Päffgen, versorgte eine zehnköpfige Familie und führte außerdem die Brauerei. Nach dem Krieg bauten ihr Mann und sie die Brauerei wieder auf: Am Ostermontag 1949 gab es wieder Kölsch! Als ihr Mann starb, führte sie die Brauerei alleine weiter. Sie saß oft persönlich im „Kontörchen". Die Kölnerin **Käthe Schmitz-Imhoff** (1893-1985) kommt aus der Bildhauer-Familie Imhoff, deren Mitglieder viele Gräber auf Melaten gestaltet haben. Mit 27 Jahren gab sie ihren Beruf als Lehrerin auf und studierte in Berlin an der privaten Malerschule von Johannes Walter-Kurau. Weil sie erkrankte, brach sie das Studium ab. Beim „1000-Bomber-Angriff" 1942 gingen ihre Werke verloren. Zu ihrem 90. Geburtstag widmete ihr das Maternushaus eine Ausstellung.

Nicht nur als Akte und Trauernde – Frauen auf Melaten

In Flur 54 gibt es am Grab von Franz Beudel (1837-1893) eine sehr ansprechende Darstellung, wie ein sitzender Engel einer knienden Trauernden Trost spendet. Ebenfalls in dieser Flur findet sich das Grab von **Hedwig Greven** (1859-1943), die mit dem Druckereibesitzer Anton Carl Greven (1850-1910) verheiratet war. Als sie mit 52 Jahren Witwe wurde, übernahm ihr Sohn Richard das Unternehmen, doch er fiel 1917. Nun führte Hedwig Greven das Unternehmen durch die nächsten politisch und wirtschaftlich schwierigen 15 Jahre. 1932 übernahm ihr Sohn Sigurd (1908-1981) das Ruder. – Auf dem Grab der **Magdalena Wirtz** (1848-1896) in Flur 58 sehen wir eins der wenigen weiblichen Porträts auf Melaten. Eine typische Darstellung einer Trauernden finden wir als Bronzeplastik auf dem Grab von Jakob Froitzheim. Ihre rechte Hand ruht auf einer Urne. Eine Frau, die wie Anna Päffgen oder Helene Greven die Unternehmensführung übernahm, als sich kein männlicher Verwandter fand, war **Anne Marie Stüssgen**. Als ihr Mann Cornelius Stüssgen (1877-1956), der sein Einzelhandelsgeschäft 1928 in eine AG umwandelte, 1956 starb, nahm sie die Unternehmensleitung in die Hände. Heute gehört die Handelskette Stüssgen zur Rewe-Gruppe. Das Grab für die Eheleute mit einer knienden, Rosen streuenden Trauernden findet sich in Flur 60. Dem Motiv der Rosen streuenden Frau begegnen wir öfters auf Melaten, so auch auf dem Grab Kracht in Flur 59. Nicht weit von Anne Marie

Grabstätte der Familie Stüssgen. Geziert wird der Grabstein von einer Skulptur der Rosen streuenden Trauernden.

Ein Engel beugt sich zu einer jungen Frau hinunter, die sich erschrocken an den Mund fasst. Mit der Linken berührt der Engel ihren Kopf, mit der ausgestreckten Rechten weist er gen Himmel, wohl um ihr anzudeuten, dass ihre Zeit auf Erden vorüber ist. Am Grab der Familie Leven in Flur 60 A findet sich diese auffallende Skulpturengruppe, deren Motiv es mehrfach auf Melaten gibt.

Stüssgen ruht ihre Zeitgenossin **Asta Brügelmann** (1893-1969) in Flur 60. Die Gattin des Textilfabrikanten Otto Brügelmann engagierte sich aktiv für Frauen. Ihre Zeitgenossin **Maria Sophie Moritz** (1876-1960), die in Flur 60 A begraben ist, engagierte sich ebenso sozial wie kulturell. In dieser Flur gibt es an der Grabstätte der Familie Adolph Leven eine sehr imposante Darstellung von einem Engel, der einer vor ihm sitzenden jungen Frau mit ausgestrecktem Arm den Weg zum Himmel weist. Ganz anders dagegen die stoisch Trauernde auf dem Grabmal Euskirchen (Flur 60 A). Diese Darstellung erinnert an die Trauernde auf dem Grabmal Gustav Brandt auf der Millionenallee (s. Tour 1).

Die Frauenrechtlerin **Alice Neven DuMont** (1877-1964), die mit Alfred Neven DuMont verheiratet

3 Nicht nur als Akte und Trauernde – Frauen auf Melaten

und neben ihrem Mann die Mitherausgeberin des Kölner Stadt-Anzeigers war, engagierte sich auch politisch. Von 1930 bis zu ihrem Rücktritt 1933 war sie Mitglied des Preußischen Landtages. Zwischen 1925 und 1933 erschien auf ihr Betreiben die Beilage „Nachrichtenblatt des Stadtverbandes Kölner Frauenvereine". Ihr Grab ist in Flur 63 A.

Eine stehende trauernde Frauenskulptur, die der Bildhauer Franz Löhr ursprünglich als Frauenakt entwarf, findet sich auf dem Grabmal von Nikolaus Steinmeyer an der Millionenallee auf Flur 69. Irene Franken vom Kölner Frauengeschichtsverein sagte einmal: „Die Trauer ist – wie bereits das Genus im Deutschen zeigt – immer weiblich." Auf Melaten wird man dies leicht bestätigt finden. – Um das Grab von **Christine Maria Teusch** (1888-1968), der ersten bundesdeutschen Ministerin, zu sehen, müssen wir einen etwas längeren Weg antreten. Es liegt in Flur 87. Noch weiter müssen wir gehen, um einen der schönsten Jugendstil-Engel auf Melaten zu sehen: Er befindet sich auf dem Ehrenfelder Teil des Melaten-Friedhofs, in Feld 16 auf der Grabstätte Giersberg-Pöttgen.

Im 19. und zu Beginn des 20. Jahrhunderts war für Frauen der gehobenen Schicht soziales Engagement eine der wenigen möglichen Betätigungsfelder. So hielt es auch **Adele Josefine Esser** (1845-1919), deren Grab wir in Flur 76 finden. Sie setzte sich für Frauen ein, die in den damaligen Kolonien tätig waren. So gründete sie etwa ein Erholungsheim für Rote-Kreuz-Schwestern der Kolonien. Die Inschrift hebt sie als „herzensgute sorgsame Gattin" hervor, die ihres Gatten Robert Esser (1833-1920) weist auf den Beruf „Geh. Justizrat Dr. jur. h.c." ebenso hin

Betende Madonnen finden sich in vielen Variationen auf Melaten.

Ein trauernder Engel am Grab der Eheleute Rosine (1864-1900) und Ludwig Wilhelm Creutz (1853-1900). Recht selten finden sich – wie hier – Reliefporträts oder überhaupt Porträts der Verstorbenen auf Grabstätten.

wie auf sein Engagement als „Ehrenvorstands-Mitglied des Zentralen-Dombauvereins". Ihr Einsatz in diversen Vereinen hingegen wird mit keinem Wort erwähnt. In dieser Flur gibt es zwei der eher seltenen Porträts von Frauen auf Melaten. Am Grabmal Ludwig Wilhelm Creutz finden wir eine Abbildung der Eheleute, ebenso am Grabmal für Mathias und Katharina Beckmann. An der **Grabstätte Früh**, in Flur 72 A, sehen wir ein Motiv, dem wir mehrfach auf Melaten begegnen, aber selten in dieser imposanten Größe. Ein überlebensgroßer Engel mit ausladenden Flügeln steht hinter einer jungen Frau, die ihn erschrocken anblickt. Wahrscheinlich ist der Engel als Todesgenius zu verstehen, der die junge Frau aus dem Leben abberuft. Ein sehr ähnliches Motiv in völlig anderer Gestaltung findet sich auf dem Grab von Emil Lammine an der Millionenallee an Flur 66 A. Der Engel weist mit der Linken zum Himmel, die Rechte hat er einer jungen Frau, die ihn im Sitzen anblickt, um die Schulter gelegt. Weniger Trauer, sondern pure Lebenslust verbreitet einige Meter entfernt der erotische Akt auf dem Sarkophag von Ferdinand Esser (1867-1927). Der Künstler Daniel Greiner-Jugenheim schuf diese sinnliche Grabplastik aus rotem Sandstein.

In Flur 73 A stoßen wir auf das Grabmal für **Helene von Becker** (1850-1939). Wie Adele Josefine Esser und viele andere Frauen aus gehobenen Kreisen engagierte sie sich für bedürftige Frauen, insbesondere für Mütter. Sie gründete eine Kölner Kinderkrippe und eines der ersten Wöchnerinnenasyle.

Nicht nur als Akte und Trauernde – Frauen auf Melaten

Bedenkt man die katastrophalen Wohnverhältnisse vor allem sehr vieler armer Frauen, so waren solche „Geburtshäuser" mit hygienischen Bedingungen, in denen sich die Mütter nach der Geburt einige Tage erholen konnten, für viele Frauen eine Überlebenschance. Zwar konnten sie auch in der Preußischen Hebammenlehranstalt kostenlos entbinden, doch mussten sich die Frauen dort für Lehrzwecke der angehenden Hebammen und Ärzte zur Verfügung stellen. Das aber schickte sich für ehrbare Frauen nicht.

Wir wandern auf der Millionenallee Richtung Osten. Auf manchen Grabstellen bedeutender Persönlichkeiten zieren imposante Darstellungen von trauernden Frauen das Grab des Dahingeschiedenen, so im Fall Uwe Lietzmann (an Flur 70 A) oder an der Grabstätte von Cornelius Balduin Trimborn (zwischen Lit V und W).

Eine der seltenen Porträts mit Ganzkörperdarstellung sehen wir auf dem Grab der **Elisabeth Amelunxen**, die bis ins hohe Alter gerne reiste und 1973 mit 86 Jahren starb. Die Skulptur hat Theo Heiermann nach einem Foto gearbeitet: Er zeigt die unternehmungslustige Frau mit Regenschirm, Reiseführer und Rosenkranz. Sie war die Schwester des ersten NRW-Ministerpräsidenten Rudolf Amelunxen.

An der Grabstätte der Brauerfamilie Früh findet sich eine imposante Skulpturengruppe unter einer von Säulen getragenen Kuppel: Eine junge Frau dreht sich zu einem Engel, der sie mit seinen ausladenden Flügeln schützend, aber in gewisser Weise auch unausweichlich umfängt. Der Engel weist mit seiner Rechten zum Himmel, dorthin will er sie entrücken. Sie aber hat fragend ihre Hand auf die Brust gelegt und schaut ihn erschrocken an.

Am Grab von Udo Litzmann (1856-1903) ist diese Skulptur von Werner Fassbinder zu sehen. Sie zeigt eine junge trauernde Frau, die eine Blume in der Hand hält. Das Motiv der trauernden Witwe am Grab des toten Gemahls findet sich auf Melaten häufiger – trauernde Ehegatten dagegen kaum.

In Flur 12 in G finden wir drei Gräber bemerkenswerter Frauen. Zum einen das von **Carola Williams-Althoff** (1903-1987), die lange Zeit Direktorin des Zirkus Althoff war und mit ihrem Mann Harry nach dem Zweiten Weltkrieg einen Zeltbau an der Aachener Straße errichtete. In diesem „Williamsbau" fanden damals die ersten Prinzenproklamationen, Sitzungen und Karnevalsrevuen statt. Dort trat auch das Eilemann-Trio gerne auf.

Die Schriftstellerin **Irmgard Keun** (1905-1982), deren schriftstellerisches Werk zurzeit wieder entdeckt wird, erlebte nur für kurze Zeit ihre literarischen Erfolge. „Eine schreibende Frau mit Humor", lobte Kurt Tuchholsky sie, als 1931 ihr Roman „Gilgi – eine von uns" erschien. Er wurde in etwa zwanzig Sprachen übersetzt und 1932 von der UFA verfilmt. Unter den Nationalsozialisten wurde die Wahlkölnerin mehrfach verhört und floh 1936 aus Deutschland. 1940 verbreitete eine fingierte Meldung ihren Tod. Danach kehrte sie heimlich nach Köln zurück. Aber nach Kriegsende gerieten ihre Werke in Vergessenheit, ihr letzter Roman „Ferdinand, der Mann mit dem freundlichen Herzen" von 1950 wurde kaum wahrgenommen. Zwar erlebte ihr Buch „Das kunstseidene Mädchen" unter der Verfilmung von Ferdinand Fellini 1960 in Italien einen Kinorekord, doch in Deutschland fand sie keine Beachtung und ging in der Wohlstandsgesellschaft unter. Sie starb im Alter von 77 Jahren.

Nicht nur als Akte und Trauernde – Frauen auf Melaten

Eine ungewöhnliche Inschrift findet sich auf dem Grab der **Maria Anna Neumann**: „Hier ruhen die irdischen Reste der Frau Maria Anna Neumann geborene Krevel aus Bonn, alt 65 Jahre, 27jährige Gemahlin des Rentners Christoph Neumann; in Cöln. Beispiellose Pflege mit Selbstaufopferung während 10 Jährigen Leidens ihres Gemahls kann nur da Oben Belohnung finden." Sicherlich war – und ist es teils immer noch – üblich, dass sich Frauen für die Pflege ihrer Verwandten aufopfern. Höchst ungewöhnlich ist, dass dies auf einem Grabstein lobend erwähnt wird.

Ein anderes bemerkenswertes Grabmal findet sich in H zwischen Lit. D und E auf dem Grab von **Gabi** (1947-1976). Eine fast lebensgroße Marmorfigur zeigt eine Frau, die mit beiden Armen ein Baby an sich drückt. Die Gesichtszüge der beiden sind nicht ausgearbeitet. Es sollte damit ausgedrückt werden, dass sich Mutter und Kind nie begegnet sind, denn Gabi verstarb bei der Geburt des Kindes.

Eine der streitbaren Kölner Stadtkonservatorinnen der Nachkriegszeit ruht in Flur 20 in E: **Hanna Adenauer** (1904-1978). Sie war von 1948 bis 1969 Stadtkonservatorin und hat durch ihr Engagement manch einen Bau vor dem Abriss bewahrt. Am Weg 38 findet sich das Grab der Kulturdezernentin **Marie Hüllenkremer**, die 2004 im Alter von 61 Jahren ver-

Eher selten als Grabgestaltung: ein Frauenkopf wie am Grab von Christa Gaa Howard (1937-1992). Auch die gärtnerische Gestaltung eines Grabes trägt viel zu seiner Stimmung bei – zumal, wie hier, im Herbst.

3

Aktdarstellungen auf Melaten sind eher selten, obwohl die Themen der Kunst hier in oft großartigen Kunstwerken auf den Gräbern zu finden sind.
Diese Aktdarstellung steht am nördlichen Hauptweg auf dem Grab von Diethelm Hoener (1940-2001).

starb. In R, vor der Millionenallee, hat die Schauspielerin **Elsa Scholten** (1902-1981) ihre letzte Ruhestätte gefunden. Vielen ist sie noch durch ihre Rollen im Millowitsch-Theater im Gedächtnis. Am anderen Ende des Wegs R, zwischen B und C, nahe dem Grab von Willy und Käthe Ostermann, sehen wir an der **Grabstätte Feith** die Witwe in Stein gemeißelt: mit der Hand auf dem Sarg abgestützt, am Grab ihres Gemahls Heinrich stehend. Authentische Skulpturen mit Zügen der Trauernden sind auf Melaten selten. Normalerweise handelt es sich um stilisierte Frauen wie auf dem Grab des Kölner Bildhauers **Franz Anton Löhr** (1874-1918) in Lit U (zwischen Lit B und C). Die Plastik aus rotem Sandstein zeigt eine Trauernde, die zusammengesunken am Grabstein kauert. Die Skulptur zählt zu den wenigen Aktdarstellungen auf Melaten und geht zurück auf einen Entwurf, den Löhr selbst fertigte. Die Ausführung erfolgte wohl erst in den 1950er-Jahren. – Eine Frau, die sich künstlerisch und sozial engagierte, war **Edith Mendelssohn-Bartholdy** (1882-1969). Die aktive GEDOK-Künstlerin arbeitete zwischen 1921 und 1954 auch als Kunsthändlerin. 1938 emigrierte sie nach England und kehrte erst 1953 in ihre Heimat zurück. Seit 1957 arbeitete sie beim WDR. Ihr Grab findet sich in Lit G zwischen Lit C und D.